लो फिर है सामने दीवार कोई

महेश हंगल

INDIA · SINGAPORE · MALAYSIA

ISBN 979-8-89475-399-7

विनय नायक और शकील मज़हरी
के नाम

बिगाड़ी शाइ'री ने बात वर्ना
हमें ख़ामोश रहना आ गया था

फ़हमी बदायूनी

फ़ेहरिस्त

ग़ज़लें

1.

कुछ कहते हो कुछ करते हो
किन सोचों में गुम रहते हो

बख़्श दिए हो क़त्ल भी अपना
कितना बड़ा दिल तुम रखते हो

देर से तुझको है पहचाना
जिस्म पहनकर जो चलते हो

कुछ तो कहो क्या बात हुई है
रूठे रूठे क्यूँ रहते हो

दिल-क़िस्से और दर्द-कथाएं
कैसी बातें तुम करते हो

वो बेदार[1] सदा रहता है
जिस माहौल में तुम रहते हो

____
1. जाग्रत, सचेत

2.

दिल से दिल आज तक मिला ही नहीं
दरमियाँ कोई सिलसिला ही नहीं

उड़ गई यूँ वफ़ा ज़माने से
बा-वफ़ा जैसे कोई था ही नहीं

कह रहा था के ला-इलाज हूँ मैं
आइना झूठ बोलता ही नहीं

सर से पानी गुज़र चुका है मगर
आदमी इस पे सोचता ही नहीं

हम जहाँ भी गए पलट आए
तेरे जैसा कोई मिला ही नहीं

आरज़ू पे हम उसकी जीते थे
ज़िन्दगी तुझ से काम था ही नहीं

हाल-ए-दिल सौ दफ़ा कहा हमने
कभी उसने मगर सुना ही नहीं

मेरी ख़ुद से अलग सी यारी है
यार ऐसा कोई मिला ही नहीं

ख़ाक छानी जहान की हमने
दिल कहाँ खो गया पता ही नहीं

जानता है तो जानता क्या है
जानना तेरा जानना ही नहीं

हाए अहल-ए-ख़िरद[1] की कम-नज़री[2]
कोई अंजाम सोचता ही नहीं

---

1. बुद्धिजीवी 2. निकट दृष्टि

3.

रूनुमा[1] होने से पहले सोच ले
सामना होने से पहले सोच ले

हैं अभी ख़ुश-फ़हमियाँ ज़िंदा मेरी
आइना होने से पहले सोच ले

मंज़िलें आईं तो रस्ते खो गए
रास्ता होने से पहले सोच ले

पत्तियाँ किस पेड़ की झड़ती नहीं
ग़म-ज़दा होने से पहले सोच ले

तय है हर इक इब्तिदा की इंतिहा
इंतिहा होने से पहले सोच ले

क़हक़हों के साथ आँसू हैं रवाँ
बावला होने से पहले सोच ले

रास्ता अब शर्त-ए-मंज़िल कब रहा
रास्ता होने से पहले सोच ले

---

1. प्रकट होना   2. सुखद पुर्वानुमान

फ़ासलों में ज़िन्दगानी खो गई
फ़ासला होने से पहले सोच ले

4.

इब्तिदा रखना इंतिहा रखना
इक सलीक़े से है क़िस्सा रखना

रास्तों से यूँ वास्ता रखना
मंज़िलें अपनी जा-ब-जा[1] रखना

सैर-ए-दुनिया को आ तो जाओ मगर
वापसी का भी रास्ता रखना

काम लेना है हक़-बयानी से
साक़िया मय-कदा खुला रखना

मुख़्तलिफ़ है ख़ुदा ज़माने के
अपना ख़ुद का कोई ख़ुदा रखना

आँख वालों से ये तक़ाज़ा है
अपनी आँखों को टुक[2] खुला रखना

अपने लफ़्ज़ों को छोड़ आया हूँ
गुफ़्तुगू तुम भी बे-सदा[3] रखना

---

1. हर जगह   2. टुक   3. बे-आवाज़

जब भी लड़ते हो अपने आप से तुम
हारने का भी हौसला रखना

आग जैसी है इश्क़ की सीरत
इस से दामन ज़रा बचा रखना

हम ज़बाँ भी हो हम ख़याल भी हो
हम को बस तुमसे राब्ता रखना

5.

अक्स हूँ आइना नहीं हूँ मैं
मुझको मालूम था नहीं हूँ मैं

इश्क़ ने कर दिया निकम्मा सा
आदमी काम का नहीं हूँ मैं

दौलत-ए-ग़म ना हो कहीं कम-तर
ग़म मेरा बाँटता नहीं हूँ मैं

आप-बीती है शायरी मेरी
फ़लसफ़ा झाढ़ता नहीं हूँ मैं

"सनम आख़िर ख़ुदा नहीं होता"
आदमी हूँ ख़ुदा नहीं हूँ मैं

वक़्त पर बोलना ज़रूरी है
वक़्त पर बोलता नहीं हूँ मैं

डूब जाता भी है कोई कोई
ना-ख़ुदा हूँ ख़ुदा नहीं हूँ मैं

बंद होता नहीं है दरवाज़ा
जब तक घर लौटता नहीं हूँ मैं

वह तो मुझको रिहाई देता है
ख़ुद क़फ़स छोड़ता नहीं हूँ मैं

क्या बताऊँ कहाँ कहाँ हूँ मैं
ये बता किस जगह नहीं हूँ मैं

मेरी बोली समझ नहीं आती
बेसबब बोलता नहीं हूँ मैं

कौन कब क्या किधर कहाँ कैसे
इतना कुछ सोचता नहीं हूँ मैं

अभी बाक़ी है बिछड़ना उस से
दिल दुखा है मरा नहीं हूँ मैं

लाख तुम से जुदा दिखाई दूँ
तुम से लेकिन जुदा नहीं हूँ मैं

६.

प्यास ही प्यास का मुक़द्दर है
ज़िन्दगी रेत का समुन्दर है

जितनी चादर पसार पैर उतना
रख तसल्ली के यूँ मुक़द्दर है

दरमियाँ ये रिफ़ाक़तें[1] कैसी
एक है फूल एक पत्थर है

बे-ग़रज़[2] हार जीत से जो हो
खेल हर इक उसे मयस्सर है

बस यही हासिल-ए-सफ़र ठहरा
रास्ता रास्ते के बाहर है

दुख तो देता है उसका ग़म लेकिन
उसका ग़म राहतों से बढ़कर है

कौन दानिशवरों[3] को समझाए
आगही सादगी के अंदर है

---

1. मेल जोल   2. उदासीन   3. अक्लमंद लोग

अब इशारों से काम लेते हैं
ये इलाक़ा ज़बाँ से बाहर है

दिल की तख़्ती पे नाम है तेरा
दिल-रियासत का तू सिकंदर है

7.

तेरे नज़दीक आना चाहता हूँ
मैं ख़ुद से दूर जाना चाहता हूँ

जो सीखा है सिखाना चाहता हूँ
जो देखा है दिखाना चाहता हूँ

बदन मंज़िल नहीं है मरहला[1] है
फ़क़त इतना बताना चाहता हूँ

किताबों ने जो है बुनियाद रक्खी
मैं वह बुनियाद ढाना चाहता हूँ

क़याम-ए-जावेदाँ[2] किस ने है चाहा
मुसाफ़िर हूँ ठिकाना चाहता हूँ

ज़रा नज़दीक आकर बैठिएगा
मैं अपना आब-ओ-दाना चाहता हूँ

ग़ज़ल कहना तो है इक आम सा फ़न
ग़ज़ल ख़ुद को बनाना चाहता हूँ

---

1. पड़ाव, ठिकाना   2. हमेशा रहने की जगह

8.

रूह की सैर है जो जारी है
ये बदन तो बस इक सवारी है

ये जो उर्दू ज़बाँ हमारी है
कितनी दिलचस्प कितनी प्यारी है

एक मुद्दत से सो नहीं पाए
एक मुद्दत से नींद तारी है

मैं किसी को नज़र नहीं आता
ऐसी कुछ हैसियत हमारी है

फिर से जारी है मश्क़-ए-तुक-बंदी[1]
फिर वही शायरी हमारी है

दर्द अब आँख तक नहीं आता
क्या क़यामत की पहरेदारी है

वस्ल का बीज बो नहीं पाया
इश्क़ के फ़न में तू अनारी है

---

1. दुनिया   2. संसार की सभा   3. पन्ना   4. हाल पूछना

सारे रस्ते उधर ही जाते हैं
रहबरी किस बला की तारी है

उसकी ख़ुशबू है मेरी साँसों में
कैफ़ियत इक ग़ज़ब की तारी है

हौसला है हमारे दिल में अभी
हौसलों की उड़ान जारी है

देखता है ना पूछता है कोई
मेज़बानी की रस्म जारी है

9.

पहले तो सोच क़ातिलाना है
उसपे अंदाज़ सूफ़ियाना है

क़ब्र ही आख़री ठिकाना है
ज़िन्दगी मौत का फ़साना है

इब्तीदा क्या है इंतिहा क्या है
उसका आना है उसका जाना है

कोई समझे तो एक बात कहूँ
आशियाना ही क़ैद-ख़ाना है

हाल दुनिया पे खुल गया मेरा
राह में इक शराब-ख़ाना है

रहगुज़र एहतिराम[1] कर मेरा
तुझको मंज़िल जो मैंने जाना है

क़ैद क्या अब उसे रखे कोई
जिसने दीवार को दर जाना है

---

1. आदर

मेरी बातों से कुछ सबक़ भी ले
दश्त से केह दो कि घर जाना है

कर मेरा ए'तिबार ऐ ज़ाएर[1]
हर जगह उसका आस्ताना है

उसकी यादों ने फिर से दस्तक दी
हमा-तन-गोश[2] फिर दीवाना है

मेरा अपना नहीं मेरा साया
हर त'अल्लुक़ मुसाफ़िराना है

काम की बात हमने की ही नहीं
यावा-गोई[3] का जो ज़माना है

---

1. तीर्थ यात्री   2. जो सर से पाँव तक कान बन गया हो   3. फ़ुज़ूल बातें करना

10.

प्यार तुझसे वालिहाना[1] ज़िन्दगी
बे-ठिकानों का ठिकाना ज़िन्दगी

हर तरफ़ हैं हैबतें[2] तारी यहाँ
मौत से नज़रें चुराना ज़िन्दगी

ग़म न मरने का न जीने की ख़ुशी
ज़िन्दगी से बाज़ आना ज़िन्दगी

डूबते लम्हों की कश्ती पर सवार
ढूंढ फिर कोई ठिकाना ज़िन्दगी

ज़िन्दगी ये इक तिलिस्मी[3] शहर है
इस शहर पे दिल का आना ज़िन्दगी

कट रही है ज़िन्दगी सदमात में
रात दिन आँसू बहाना ज़िन्दगी

बे-मनाये मन गए हम आप से
बे-मनाये मान जाना ज़िन्दगी

---

1. पागलों की तरह   2. दहशत   3. जादुई

11.

ना साथी है ना मंज़िल का पता है
सफ़र इक दूसरे का एक सा है

अजब सी गुमरही से हूँ मुख़ातिब[1]
यहाँ तो रास्ता ही रास्ता है

यही चेहरा मेरी पहचान है अब
जो हर लम्हा बदलता जा रहा है

भला कब तक ये मजबूरी रहेगी
बराए-नाम[2] जीना पड़ रहा है

त'अल्लुक़ की कड़ी टूटी नहीं है
फ़क़त अब मिलना-जुलना कम हुआ है

मैं रास्ता जानता हूँ तेरे दिल का
मुसाफ़िर अपनी मंज़िल जानता है

मैं अपने आप से हूँ दूर कितना
न जाने और कितना फ़ासला है

---

1. अभिमुख   2. नाममात्र को

अभी चेहरे मुकम्म्मिल ही कहाँ हैं
इन्हे क्यूँ कर सजाया जा रहा है

गली पर एक ख़ामोशी है तारी
मोहब्बत का जनाज़ा जा रहा है

12.

तुझ से बिछड़ के ज़िंदा हूँ
मैं भी तेरे जैसा हूँ

हैराँ हूँ सच बोल के भी
अब तक कैसे ज़िंदा हूँ

गुलशन क्यूँ मुरझाया है
डाली से मैं बिछड़ा हूँ

हाँ मेरी ही लाश है ये
लेकिन अभी मैं ज़िंदा हूँ

मौसम की मनमानी है
और मैं सूखा पत्ता हूँ

क्या अब अपना हाल कहूँ
जैसा भी हूँ अच्छा हूँ

दरिया जिस मे समा जाए
मैं इक ऐसा क़तरा हूँ

हार जीत का पता नहीं
लेकिन खेल का पक्का हूँ

अपनी मंज़िल जो ख़ुद है
मैं इक ऐसा रस्ता हूँ

क्या होगी ताबीर[1] मेरी
पानी हूँ और प्यासा हूँ

जाने कैसा रोग है ये
जीता हूँ ना मरता हूँ

---

1. व्याख्या

13.

रस्म जारी है दिल लगाने की
आरज़ू है किसी को पाने की

हो के बरबाद हो गया आबाद
क्या अजब तर्ज़ थी दीवाने की

मुझ में अब मैं नहीं रहा बाक़ी
हैसियत क्या है मुझ-दीवाने की

आप अपना जवाब हैं हम लोग
क्या ज़रुरत थी आज़माने की

बाब-ए-ज़िंदाँ[1] तो यूँ खुला ही था
पर न थी चाह भाग जाने की

दुश्मनी मोल ली है बर्क़[2] से जब
फ़िक्र सब छोड़ घर सजाने की

इब्तिदा है तो इंतिहा भी है
हर कहानी की हर फ़साने की

---

1. क़ैदख़ाने का दरवाज़ा   2. बिजली

राह सीधी किसे दिखाते हम
सब के सब ने ली रह ज़माने की

14.

इंतिज़ाम-ए-आशियाना   हो   गया
अपना भी इक क़ैद-ख़ाना हो गया

"मुँह नज़र आता है दीवारों के बीच"
दहर[1] इक आइना-ख़ाना हो गया

मंज़िलें कैसे मेरी आतीं क़रीब
मैं जो रस्तों का दीवाना हो गया

रफ़्ता रफ़्ता लोग आदी हो गए
ज़हर अब तो आब-ओ-दाना हो गया

पत्थरों में हम भी पत्थर हो गए
बज़्म-ए-'आलम[2] में ज़माना हो गया

तेरी करते हैं तरफ़दारी बहुत
हर सफ़्हा[3] तेरा दीवाना हो गया

"दर्द-ए-दिल और जान लेवा पुर्सिशें[4]"
मुस्कुरा कर मैं रवाना हो गया

---

1. दुनिया   2. संसार की सभा   3. पन्ना   4. हाल पूछना

मुझसे मिलने ही नहीं देता मुझे
आइना देखे ज़माना हो गया

15.

हौसला आज़मा के देख लिया
हमने फिर मुस्कुरा के देख लिया

दिल से बेहतर न थी किताब कोई
पढ़ के देखा पढ़ा के देख लिया

मेरे अंदर ही वह कहीं गुम था
मैंने ख़ुद को हटा के देख लिया

ज़हर जैसी दवा न थी कोई
खा के देखा खिला के देख लिया

आज इक फ़र्ज़ की हुई तकमील[1]
ख़ुद से नज़रें मिला के देख लिया

दामन-ए-शायरी छुड़ा ना सके
ख़ूब दामन छुड़ा के देख लिया

---

1. समाप्ति

16.

अगर दिल में ठिकाना चाहिए था
ज़रा पहले बताना चाहिए था

मुझे तेरी दुआ ने मार डाला
क़ज़ा को इक बहाना चाहिए था

नहीं था बीच का रस्ता कोई भी
मुझे कुछ दरमियाना चाहिए था

बहुत आगे निकल आया है रस्ता
कहीं तो मोड़ आना चाहिए था

बहुत पानी अभी दरियाओं में है
मुक़द्दर आज़माना चाहिए था

फ़साना हर कोई ये जानता है
फ़साने का फ़साना चाहिए था

हमें तन्हाई रास आने लगी है
मरासिम[1] ग़ाइबाना[2] चाहिए था

---

1. संबंध   2. देखे और मिले बिना

अगर दामन बचाना जानते हो
तो शोला आज़माना चाहिए था

हसीं धोकों से दिल की ज़िन्दगी है
हसीं धोकों को खाना चाहिए था

बग़ैर अश्कों के रोने से था अच्छा
हमें आंसू बहाना चाहिए था

17.

कितना सहेगा सहने वाला
मैं अब चुप नहीं रहने वाला

गंगा है जिस देश में बहती
मैं उस देश का रहने वाला

चाँद भी ओझल तारे भी गुम
'अर्श'[1] भी इक दिन ढहने वाला

हो ही जाता है ग़म ज़ाहिर
दिल आँखों से बहने वाला

बस इक तार क्या छेड़ा उनने
इक रिश्ता है ढहने वाला

रोना-धोना छोड़ो भी अब
आने वाला जाने वाला

थोड़ा इधर उधर हो तो भी
सह जाता है सहने वाला

---

1. आकाश

चारा और नहीं है कोई
सहने वाला रहने वाला

18.

पछताएगा बात बढ़ाकर
ख़ुद को ख़ुद के सामने लाकर

ख़्वाब सजे हैं फिर पलकों पर
आया था कितना समझा कर

एक देस है तेरा मेरा
देख ज़रा मलबे को हटा कर

ये क्या रोग लगा रक्खा है
ख़ुद से बाहर भी निकला कर

पाओगे मुझे अपने रु-ब-रु
देख बीच से ख़ुद को हटाकर

लफ्ज़ जुदा हैं बात वही है
ऐ भाई थोड़ा समझा कर

मिले या वह ना मिले आपको
देखो आगे हाथ बढ़ाकर

चेहरे में से चेहरा निकला
देखा जब शीशे में जाकर

रात भी कोई शय होती है
सिर्फ़ उजालों में ना रहा कर

राधा को मस्तानी कर दो
मुरली की इक तान सुना कर

चुन लो राह कोई तुम ऐसी
रुके ना जो मंज़िल पे जाकर

बे-रौनक़ हो जाओगे तुम
अहल-ए-ख़िरद[1] से दूर रहा कर

ये दिल भी कितना पागल है
ख़ुद रोया मुझको समझा कर

टूटने को हैं सदाएँ मेरी
ख़ामोशी मेरी समझा कर

तू तन्हा दुनिया से लड़ेगा
यूँ बच्चों सी बातें ना कर

---

1. बुद्धिजीवी

19.

इतना क्यूँ नादान हूँ मैं
ख़ुद से भी अनजान हूँ मैं

ग़ालिब-ओ-मीर से क्या हासिल
मुझ को पढ़ इंसान हूँ मैं

चीख रहे हैं सन्नाटे
ख़ाना-ए-वीरान हूँ मैं

काम सभी हैवानों सा
कहने को इंसान हूँ मैं

हर शय आनी जानी है
दो दिन का मेहमान हूँ मैं

दुनिया एक कहानी है
जिसका इक उनवान हूँ मैं

हार भी जिसमें मात नहीं
खेल का वह मैदान हूँ मैं

ख़ुद मैं भी भूला उसको
सोच के ख़ुद हैरान हूँ मैं

दफ़्न हैं अरमाँ हर जानिब
एक क़ब्रिस्तान हूँ मैं

20.

लफ़्ज़-ओ-मा'नी[1] से ख़ूगरी[2] कब तक
राब्ता ख़ुद से सरसरी कब तक

कब तक आख़िर रहे कमी तेरी
रोज़-ओ-शब आँख में नमी कब तक

हौसले आगही के देखते हैं
सर खपाएगी आगही कब तक

धुन कोई इससे फूटने से रही
रहे होंटों पे बाँसुरी कब तक

ख़ूगरी न गई किनारों की
मौज-ए-दरिया पुकारती कब तक

फ़लसफ़ा लफ़्ज़ फ़िक्र इल्म-ओ-हुनर
मैं सहूँ कर्ब-ए-आगही[3] कब तक

अश्क़ पीने का ज़ोक़ है ही है
दर्द से दिल की दोस्ती कब तक

---

1. शब्द और अर्थ   2. आदी, अभ्यस्त   3. समझ-बूझ की पीड़ा

21.

इस डगर तो कभी उस डगर
ढूँडता है किसे क्या ख़बर

क़ाफ़िला साथ तन्हा सफ़र
ज़िंदगानी हुई यूँ बसर

किसका करता रहा इंतिज़ार
कौन आता रहा रातभर

हम-सफ़र इक वही था मेरा
रास्ते में गया जो उतर

लम्हा लम्हा जो आता है याद
कैसे जीते उसे भूल कर

आइना जब से है रू-ब-रू
मिल गई बे-ख़बर की ख़बर

आदमी हूँ मैं सब की तरह
है त'आरुफ़ बड़ा मुख़्तसर

जैसे कल इम्तेहाँ हो मेरा
ख़त तेरे यूँ पढ़ा रात भर

मंज़िल-ए-ज़िन्दगी मिल गई
यूँ लगा आपको देख कर

22.

वक़्त ऐसा भी कोई आएगा
साया दीवार भूल जाएगा

मेरी मानिंद तेरी राहों में
कोई पलकें नहीं बिछाएगा

तुम उसे सुन के अनसुना करना
घर तुम्हे दूर तक बुलाएगा

आज कल मेरे घर के क़िस्से में
ज़िक्र-ए-दीवार-ओ-दर न आएगा

मंज़िलें साथ लिए फिरते हैं
हमें क्या रास्ता बताएगा

मैं कहूँगा और तुम सुनोगे फ़क़त
एक ऐसा भी वक़्त आएगा

लुत्फ़ आएगा बाग़-बानी में
ख़ार-ओ-गुल[1] मिलके जो उगाएगा

---

1. फूल और कांटे

एक अर्से से घर से बाहर शख़्स
घर के बारे में क्या बताएगा

दिल यूँ ही इंतिज़ार करता है
कोई आया न कोई आएगा

क़तरा दरिया से ख़ौफ़ खाता है
सोचता है की जाँ से जाएगा

कर चले क्या जहाँ में आकर हम
ये तो अब वक़्त ही बताएगा

23.

जा किनारे अश्क़ का दरिया लगा
लो ठिकाने जिस्म का मलबा[1] लगा

दे गया है दिल को ऐसा ग़म कोई
हर कोई मौसम ख़िज़ाँ जैसा लगा

खोल कर आँखें पेशेमाँ हूँ बहुत
अपने क़द से हर कोई ऊँचा लगा

अब के आँखों में है वीरानी बहुत
सब्ज़ जंगल भी मुझे सहरा लगा

जिस्म क्या ईमान तक बिक जाता है
जा उसे भी थोड़ा सा चस्का लगा

इंतिहा तक बात ले जाता हूँ मैं
मुझको ये मेरा हुनर अच्छा लगा

ला-दावा है रोग ये मेरा मगर
लम्स-ए-दस्त-ए-चारा-गर[2] अच्छा लगा

---

1. कूड़ा-कर्कट   2. चारा-गर के हाथ का स्पर्श

फिर किनारे जा लगी कश्ती कोई
डूबते के हाथ फिर तिनका लगा

हर जगह उसका मकाँ ता'मीर है
रस्ता ये भी उसके दर से जा लगा

क्या पता रिश्ता निकल आए कोई
तू भी चेहरे पे कोई चेहरा लगा

24.

एक ऐसा भी मरहला[1] होगा
राह, मंज़िल, न रहनुमा होगा

हर भले में भी कुछ बुरा होगा
हर बुरे में भी कुछ भला होगा

चारागर की नज़र बताती है
ख़तरा-ए-जाँ कोई बड़ा होगा

भेद खोले मेरा कोई तो खुले
आपने कुछ कहा सुना होगा

दिल सजे हों जहाँ सलीक़े से
घर का माहौल ख़ुशनुमा[2] होगा

ख़ाल-ओ-ख़द साथ छोड़ देते हैं
क्या पता उसके बाद क्या होगा

लफ्ज़ को ए'तिबार बख़्शा कर
चीख़ कर बोलने से क्या होगा

---

1. पड़ाव, ठिकाना   2. सुंदर

छोड़ो जाने भी दो तुम अब उसको
बंद मुट्ठी में जो भी था होगा

ज़िन्दगी खेल है नसीबों का
इक मेरे चाहने से क्या होगा

साँस लेने में भी दुश्वारी है
ज़ख़्म का इंदिमाल[1] क्या होगा

जो भी चाहे तू फैसला ले ले
ये न सोचो की मेरा क्या होगा

क्यूँ न बे-फ़िक्र हो के सोया जाए
आख़िर हो कर भी ऐसा क्या होगा

---

1. घाव का भरना

25.

बहुत मुँहफट है आइना हमारा
बिखर कर रह गया चेहरा हमारा

सर-ए-मंज़िल[1] हमें भटका दिया है
ये रस्ता जाना पहचाना हमारा

बहुत मज़बूत है बुनियाद अपनी
बहुत महफ़ूज़ है रिश्ता हमारा

मज़ारों में उतर जाना है बाक़ी
जनाज़ा उठ चुका कब का हमारा

चलो अल्लाह को प्यारे हुए हम
लबा-लब[2] दुख से था क़िस्सा हमारा

यक़ीनन हमको कुछ धोका हुआ है
कहाँ मंज़िल कहाँ रस्ता हमारा

मुआफ़ी और इतनी सी ख़ता पर
नहीं निभ पाएगा रिश्ता हमारा

---

1. मंज़िल के क़रीब   2. भरा हुआ

यही डर हमको खाए जा रहा है
तुम्हारे बाद क्या होगा हमारा

वही सूनी सड़क थी और हम थे
सफ़र कटता रहा तन्हा हमारा

बहुत महदूद है दुनिया हमारी
बहुत है मुख़्तसर[1] क़िस्सा हमारा

चलो कुछ देर जी के देखते हैं
बहुत ख़ुद पर रहा पहरा हमारा

---

1. छोटा

26.

इक ख़लल[1] यही है बस दास्ताँ सुनाने में
ज़िक्र ही नहीं मेरा मेरे ही फ़साने में

ज़िन्दगी सजाने में इस-क़दर तकल्लुफ़ क्यूँ
कोई इससे बढ़कर भी काम है ज़माने में

उसको भूल जाने में वक़्त चाहिए कुछ तो
वक़्त चाहिए कुछ तो ख़ुद को भूल जाने में

रोज़ आब-ओ-दाना मैं ढूंढने निकलता हूँ
ख़र्च मैं हुआ इतना इक तुझे कमाने में

ये न सोचना के बस हाथ ही तो छूटा है
कितनी देर लगती है साथ छूट जाने में

---

1. बाधा

27.

नहीं था आइना ऐसा नहीं था
मेरा अपना कोई चेहरा नहीं था

अजब सी लज़्ज़त-ए-कुर्बत[1] थी हासिल
मैं तन्हा हो के भी तन्हा नहीं था

मुझे करना पड़ा था ख़ुद को ख़ारिज
तेरे क़िस्से का मैं हिस्सा नहीं था

कहानी ख़त्म पर आई है शायद
सर-ए-शीशा[2] कोई चेहरा नहीं था

मेरी   चीख़ें-कराहें[3]   बे-असर   थीं
कोई भी जब वहाँ बहरा नहीं था

मोहब्बत थी ना थी ये बात छोड़ो
दिलों के दरमियाँ पर्दा नहीं था

जिसे इंसानियत कहती है दुनिया
वह मंज़र हमने तो देखा नहीं था

---

1. सामीप्य का स्वाद   2. आइने में   3. चीखना, आहें भरना

और अब क़िस्सा-ए-दुनिया के इलावा
मेरा अपना कोई क़िस्सा नहीं था

परस्तिश की है मेरी धड़कनों ने
उसे मैंने फ़क़त चाहा नहीं था

28.

सर तेरे दर से लगाए रक्खा
कार-ए-दुनिया[1] भी निभाए रक्खा

मंज़रों के भी परे थे मंज़र
जाल दुनिया ने बिछाए रक्खा

ज़ख़्म खाके भी मुस्कुराते हैं
रोग क्या हमने लगाए रक्खा

हासिल-ए-जंग है बस इतना ही
सर गया ताज बचाए रक्खा

तर्जुमानी न हो सकी दिल की
जाल लफ़्ज़ों ने बिछाए रक्खा

नुक़्स कुछ था फ़ितूर[2] में मेरे
मुद्दतों उसको भुलाए रक्खा

---

1. सांसारिक कार्य   2. जूनून

29.

गर तेरा नक़्श-ए-पा[1] नहीं होता
ख़त्म ये रास्ता नहीं होता

यूँ तो होने को क्या नहीं होता
एक बस वह मेरा नहीं होता

दोस्त अच्छा बुरा नहीं होता
या तो होता है या नहीं होता

ना हो गर रास्ता नहीं होता
राहज़न[2] रहनुमा नहीं होता

अपने चेहरे पे मेहरबानी कर
कौन बहरुपिया नहीं होता

फूल पत्थर में खिला देता हूँ
कोई चाहे तो क्या नहीं होता

कश्तियाँ ग़र्क़[3] हुई जाती हैं
जा-ब-जा[4] नाख़ुदा नहीं होता

---

1. पैर का निशान   2. डाकू   3. डूबना   4. हर जगह

उसके कूचे से लौट आए हम
अब वह जल्वा-नुमा[1] नहीं होता

वो जो कुछ भी कहा हो बरहमन[2] ने
साल अच्छा बुरा नहीं होता

उसकी सूरत नज़र में फिरती है
दिल किसी और का नहीं होता

हर क़दम पर न हो अगर मंज़िल
रास्ता रास्ता नहीं होता

तू अगर चांदनी तो धूप हूँ मैं
हर कोई एक सा नहीं होता

"लफ्ज़ धरती पे सर पटकते हैं"
दिल ज़बाँ से अदा नहीं होता

आप ख़ुद हो सबब-ए-नाकामी
वक़्त अच्छा बुरा नहीं होता

---

1. जल्वा दिखाना   2. ब्राह्मण

गुमरही का न कर गिला ग़ाफ़िल[1]
रहबर आख़िर ख़ुदा नहीं होता

मय-कदा गर न हो दवा-ए-ग़म
मय-कदा मय-कदा नहीं होता

सिर्फ़ ज़िक्र-ए-शराब करते हो
बिन पिए क्या नशा नहीं होता

काम आता नहीं जो रोज़-ओ-शब
वह कोई फ़लसफ़ा नहीं होता

---

1. अचेत, बे-सुध

30.

दर्द है और बेज़ुबानी है
शाम-ए-ग़म की यही निशानी है

साँस आनी है और जानी है
ज़िन्दगी यूँ ही बीत जानी है

ला-मकानी[1] ही ला-मकानी है
बहर-ए-हस्ती[2] की बे-करानी[3] है

जाने क्यूँ हादसे नहीं होते
जब से मरने की हम ने ठानी है

याद तेरी है ज़ीस्त[4] का हासिल
हुस्न इक कैफ़-ए-जावेदानी[5] है

ख़ुद को जाना जुदा समुंदर से
ख़सलत-ए-लहर[6] ये पुरानी है

बस इसी बात की तसल्ली है
आख़िरी मोड़ पर कहानी है

---

1. विस्तार   2. ज़िन्दगी का समुन्दर   3. अनंतता
4. ज़िन्दगी   5. हमेशा रहेनेवाला नशा   6. लहर की प्रकृति

अब वह ज़ख़्मों को फूल कहता है
क्या ग़ज़ब की फ़ुसूँ-बयानी[1] है

ज़िन्दगी क्यूँ न रास आये मुझे
दर्द से दोस्ती पुरानी है

चाक दामन भला सियूँगा मैं
ये मेरे दोस्त की निशानी है

इक हक़ीक़त है ये मेरी दुनिया
तेरी जन्नत फ़क़त कहानी है

कोई होता नहीं किसी की तरह
सब निगाहों की बदगुमानी[2] है

फिर वही जाल है वही मछली
फिर वही अपनी जिंदगानी है

1.जादू-बयानी   2. शक

31.

अगर सब फ़ासले इंकार करते
हम अपने रास्ते हमवार[1] करते

कोई इक रास्ता चलते पकड़कर
ना यूँ हर दर को तुम दीवार करते

गर आँखें खोलते इबरत[2] से इक टुक[3]
किताबों को ना यूँ अख़बार करते

भला करता है कोई वार ऐसा
ज़बाँ को यूँ ना तुम तलवार करते

तुम्हारे घर में भी तो आइना था
कभी तो ख़ुद से नज़रें चार करते

किसी के काम आते ज़िन्दगी में
किसी को इश्क़ में बीमार करते

हुए हैं आइने आपे से बाहर
कहाँ तक ख़ुद को हम इंकार करते

---

1. सीधा और सरल   2. सीख हासिल करना   3. थोड़ा

32.

लो फिर है सामने दीवार कोई
मिला ना रास्ता हमवार[1] कोई

दवाएँ बेअसर होतीं हैं साबित
रहेगा इश्क़ का बीमार कोई

पढ़ा है हमने क़िस्सा सफ़्हा सफ़्हा[2]
मिला ना साहब-ए-किरदार[3] कोई

भला हमला कोई करता है ऐसा
ज़बाँ है या के है तलवार कोई

कहानी क्या मैं आगे की बताऊँ
मैं ठहरा महज़ इक किरदार कोई

हुई जाती है छोटी हर बलंदी
नहीं जाता सफ़र बेकार कोई

फ़साना क्यूँ हमें अपना लगा था
अगर हम सा ना था किरदार कोई

---

1. सीधा और सरल   2. पन्ना   3. अच्छे चरित्रवाला

33.

मुफ़्त में ये हुनर नहीं आता
हाथ यूँ ही गुहर नहीं आता

आएगा ही नहीं ख़याल-ए-सफ़र
जब तलक राहबर नहीं आता

रायगाँ[1] जा रही है हर कोशिश
कोई तुम सा नज़र नहीं आता

अपना चेहरा कभी-कभार मुझे
आइने में नज़र नहीं आता

ख़ाना-ए-दिल सजाएँ हम क्यूँकर
जाने वाला अगर नहीं आता

यात्रा सारी वापसी की है
मुझको रुकना मगर नहीं आता

मोड़ दीजे वरक़ कहीं से भी
दिल के क़िस्से में सर नहीं आता

---

1. बेकार

34.

बेवफ़ा से वफ़ा के बारे में
ज़िक्र किस से और किस के बारे में

सोचता हूँ मेरी तरह वह भी
सोचता होगा मेरे बारे में

कितनी क़ीमत है इस खिलौने की
पूछते हैं वह दिल के बारे में

जिसके बारे में सोचना है मना
सोचा अक्सर उसी के बारे में

हम ना कहते तो आइना कहता
हम जो कहते तुम्हारे बारे में

पढ़ रहा हूँ लबों की जुम्बिश को
कुछ कहा उसने मेरे बारे में

सोचता हूँ के सोचते हैं क्या
सूखे पत्ते हवा के बारे में

दूर तक रौशनी सी होती है
जब भी सोचूँ तुम्हारे बारे में

आज़माइश में शायरी है मेरी
लफ्ज़ चुप हैं तुम्हारे बारे में

35.

इससे बढ़कर कोई अज़ाब नहीं
मुफ़लिसी में कोई सवाब नहीं

"तुम नहीं, ग़म नहीं, शराब नहीं"
ये कोई इश्क़ का निसाब[1] नहीं

तेरी फ़ितरत में जी जनाब नहीं
इस अदा का तेरी जवाब नहीं

ये कोई तर्ज़-ए-इंक़लाब[2] नहीं
तेरी आँखों में कोई ख़्वाब नहीं

बीच में से हटा दिया ख़ुद को
दरमियाँ अब कोई हिजाब नहीं

ख़ुद के आगे भी ख़ुद को पाओगे
बहर-ए-हस्ती[3] कोई सराब नहीं

हो गया दास्ताँ से मैं बाहर
मेरे रुख़ पे कोई नक़ाब नहीं

---

1. सिलेबस   2. इंक़लाब की शैली   3. अस्तित्व क सागर

जो फ़क़त ज़हन है वह क्या जाने
इश्क़ तौफ़ीक़ है अज़ाब नहीं

तार दिल के छिड़े तो छिड़ते गए
दिल के जैसा कोई रुबाब नहीं

36.

वरक़ ज़िन्दगी के पलटते रहे
रेत की तरह लम्हे फिसलते रहे

वही है जो दुनिया बदलते रहे
उम्र भर आँधियों में जो पलते रहे

हिज्र की धूप में यूँ झूलसते रहे
आइना-ख़ाने दिल के पिघलते रहे

तुम किसी के हुए मैं किसी का हुआ
राह चलतों से रिश्ते निकलते रहे

दीन दुनिया मोहब्बत ख़ुदा शायरी
ज़िन्दगी के सहारे बदलते रहे

मंज़िलें कैसे अब अपनी आतीं क़रीब
हम मुक़ाबिल हवा के जो चलते रहे

मौत से ज़िन्दगी की नज़र क्या मिली
जिस्म से जाँ के बख़िये उधड़ते रहे

सुब्ह के डर से शब आँख लग ना सकी
रात भर करवटें हम बदलते रहे

दिल की तह तक कोई भी उतरता ना था
सब किनारे किनारे टहलते रहे

37.

बात इतनी सी है ऐ भाई समझ
हासिल-ए-शादी[1] को दानाई[2] समझ

ज़िन्दगी भर था मुख़ातिब[3] जिस से मैं
बात उसको मेरी ना आई समझ

फ़ासला रखकर भी क्या हासिल हुआ
आई या अब भी नहीं आई समझ

रास आ जाएगी जिस दिन ज़िन्दगी
ये समझ ले के तुझे आई समझ

रौशनी का तर्जुमा[4] होता है क्या
क्या कहूँ क्या मुझको है आई समझ

है समझने के लिए कुछ भी नहीं
बात अब मुझको ये है आई समझ

हसरतों के मक़बरे में दफ़्न हूँ
देखकर मुझको क्या कुछ आई समझ

---

1. खुशियाँ पाना   2. होशियारी   3. संबोधित   4. अनुवाद

38.

खाने पीने का और कमाने का
चुन लिया रास्ता ज़माने का

फ़ैसला तुम को भूल जाने का
मशवरा है ये किस दीवाने का

बंदगी हारने लगी हिम्मत
सज्दा और उनके आस्ताने का

प्यार पर एतबार कर लीजे
किसको है वक़्त आज़माने का

मुझको खुद से फ़रार होना है
है इरादा सुकून पाने का

ज़िन्दगी गर तेरी इजाज़त हो
फिर इरादा है मुस्कुराने का

पेड़ का ज़िक्र छाँव की बातें
आदमी है तू किस ज़माने का

39.

सिवा इसके ख़सारा[1] कुछ नहीं है
किसी में अब तुम्हारा कुछ नहीं है

नहीं है कुछ भी गर बाहर नुमायाँ
तो फिर अंदर असासा[3] कुछ नहीं है

तेरा क़ातिल ही है तेरा मसीहा
क्या अब भी तुमने समझा कुछ नहीं है

ये सब जद्दोजहद बेकार सारी
सुकूँ में गर इज़ाफ़ा कुछ नहीं है

ज़रा देखो कभी आगाह होकर
दिल-ए-बर्बाद में क्या कुछ नहीं है

तुम्हारे सामने कैसे मैं आऊँ
के मेरा चेहरा-वहरा कुछ नहीं है

यहाँ होने के धोके में ना रहना
तेरे होने से होना कुछ नहीं है

1.हानि, नुक़सान 2. प्रकट 3. पूँजी

ना पूछो हमने आखिर क्या है जाना
यही जाना के जाना कुछ नहीं है

40.

राब्ता कोई आगे बढ़ाया नहीं
हद से बढ़ के त'अल्लुक़ निभाया नहीं

कब तलक मैं जियूँ दिल-मकाँ में तेरे
जेब में चार दिन का किराया नहीं

हद से बढ़ के किया ना कभी एहतिमाम[1]
रौशनी के लिए घर जलाया नहीं

कोई लम्हा भरोसे के क़ाबिल ना था
जो गया सो गया लौट आया नहीं

आगही है तो किस काम की आगही
जान कर भी तुझे जान पाया नहीं

मेरे चेहरे पे कोई भी चेहरा ना था
आइना मुझको पहचान पाया नहीं

बर्क़[2] वालों से जा कर के कहदे कोई
हमने भी रेत का घर बनाया नहीं

---

1. इंतिज़ाम   2. बिजली

छोड़कर वक़्त के हाथ में फैसला
आसमानों का ज़र्फ़[1] आज़माया नहीं

---

1. योग्यता, निपुणता

41.

रास्ते क्या क्या मंज़िलें क्या क्या
दिल ने बदले हैं रहनुमा[1] क्या क्या

एक शय की नुमाइशें हैं सब
लहर क्या बुलबुला क्या दरिया क्या

ये शरारत भी ख़ूब है तेरी
पूछता है जगा के "सोया क्या?"

राख़ हो जाओगे न यूँ सोचो
चीज़ आख़िर है इक शरारा क्या

---

1. रस्ता बतानेवाला

42.

कोई अरमाँ ना कोई चाहत है
आज दिल को अजब सी राहत है

मेरी मानो यही ज़हानत[1] है
ज़िन्दगी ख़ुद ही इक इबादत है

ये हक़ीक़त नहीं हिकायत[2] है
ज़िन्दगी रब की इक शरारत है

कैसे ढाओगे क्या हिमाक़त है
उम्र-ए-रफ़्ता[3] की ये इमारत है

ज़ाइक़ा ही अगर बदलना है
तर्क-ए-उल्फ़त की क्या ज़रुरत है

कल तिजारत में भी मोहब्बत थी
अब मोहब्बत में भी तिजारत है

हर तरफ हैं क़यामतें बरपा
कू-ए-दिल[4] की यही अलामत[5] है

---

1. अक़्लमंदी 2.कहानी 3. पिछली ज़िंदगी 4. दिल की गली 5. लक्षण

तिश्ना-लब[1] उसके दर से लौट आना
ज़ुल्म है क़हर है क़यामत है

चार जानिब हैं बरक़तें रक़्साँ[2]
जाने अब दिल को क्या अज़ीयत[3] है

आईना देखते रहा कीजे
ख़ुद से मिलने मे क्या क़बाहत[4] है

---

1. प्यासा   2. नाचता हुआ   3. तकलीफ़ देनेवाला   4. झंझट

43.

साया साया पुकारा गया
धूप में कोई हारा गया

किसकी बीनिश[1] का है ये असर
ज़र्रा ज़र्रा सँवारा गया

हासिल-ए-ख़ल्क़[2] के ज़िक्र में
नाम तेरा पुकारा गया

हमसे जीना ना सीखा कोई
राएगाँ[3] फ़न हमारा गया

---

1. आँख की रौशनी   2. जगत की प्राप्ति   3. बेकार

44.

दिन उम्मीदों के रात ख़्वाबों की
ज़िन्दगी मेरी सब सराबों[1] की

हो न हो ऐ रफ़ीक़ तू ही है
बारयाबी[2] मेरे सवाबों की

दायरों में किसे मिली मंज़िल
चल निकल क़ैद से निसाबों[3] की

शम्मा-ए-दिल में फिर फ़रोजाँ[4] है
रोशनी लाख आफ़ताबों की

ज़िन्दगी और क्या सिवा इसके
एक तरतीब[5] है अज़ाबों की

तुझे जीने न देगी ऐ वाइज़[6]
रात दिन फ़िक्र ये सवाबों की

अब लगाते हैं दूर की ऐनक
मेहरबानी है ये किताबों की

---

1. मरीचिका   2. रसाई   3. सिलेबस   4. जगमग   5. क्रम, सिलसिला   6. उपदेश देनेवाला

45.

जाके मंज़िल पे हैं क्यूँ बेज़ार सब
ज़हमत-ए-रहबर[1]   हुई   बेकार   सब

फूँक दी है जान संग-वो-ख़िश्त[2] में
लगते हैं दीवार-वो-दर बेदार[3] सब

कैसे छुपता ख़ुश-लिबासी से भला
हाल-ए-दिल चेहरे पे था इज़हार सब

वह इबादत हो के या हो मय-कशी
दिल के बहलाने के हैं औज़ार[4] सब

हो गया एक सानेहा[5] यूँ दफ़'अतन
ज़िन्दगी की खो गई रफ़्तार सब

जब के ख़तरे में हैं ख़ुद अम्न-ओ-अमाँ[6]
राएगाँ[7]   है   रौनक़-ए-बाज़ार   सब

---

1. मार्गदर्शक की तकलीफ़   2.पत्थर और ईंट   3. जाग्रत, सचेत   4. यंत्र
5. शोकपूर्ण घटना   6. शांति और सुरक्षा   7. बेकार

46.

चारा-गर ये भी कोई चारा है
जिस्म के पार ला उतारा है

ज़िन्दगी आज तू गवारा है
क़र्ज़ साँसों का सब उतारा है

बहर-ए-हस्ती[1] का तू किनारा है
बे-साहरों क तू सहारा है

इक इरादे की देर है वर्ना
दूर दो गाम ही किनारा है

आँख से दूर क्या गया कोई
पैरहन जाँ का पारा पारा है

ये भी कोई भला सवाल हुआ
जो हमारा है वह तुम्हारा है

जो गया लौट कर नहीं आया
क्या कोई दूसरा किनारा है

---

1. अस्तित्व का समुन्दर

47.

ऐसी तो ना थीं दुश्मन-ए-जाँ बिजलीयाँ कभी
अपना भी हुआ करता था इक आशियाँ कभी

हद-ए-निगाह तक थे मनाज़िर[1] हरे भरे
शादाब[2] इस क़दर ना थीं शादाबियाँ कभी

तरफों थे रास्तों में उजालों के मरहले[3]
होती थी सैरगाह मेरी कहकशाँ[4] कभी

मेरी ज़रूरतों से ना थी कुछ तुझे ग़रज़
देखा कोई ना तुझसा फ़लक मेज़बाँ कभी

लाएँगे रंग एक ना इक दिन ये रतजगे[5]
जाती नहीं है मेहनत-ए-दिल राएगाँ[6] कभी

---

1. नज़ारे   2. हरा-भरा   3. पड़ाव, ठिकाने
4. आकाशगंगा 5. रात्रि-जागरण 6. बेकार

48.

नया कुछ आज़माकर देख लेते
कभी जीते जी मर कर देख लेते

अगर मुमकिन न था आँसू बहाना
बग़ैर अश्क़ों के रोकर देख लेते

किसे मालूम मंज़िल आ गई हो
ज़रा दो पल ठहर कर देख लेते

सफर के सौ पते बदले हैं तुमने
कभी मंज़िल बदल कर देख लेते

गुहर कुछ कम समुन्दर में नहीं थे
ज़रा गहरा उतर कर देख लेते

किसी मंज़र के पस-मंज़र[1] में जा कर
कभी मूरत में पत्थर देख लेते

---

1. मंज़र के पीछे

49.

इंतिज़ार-ए-शिफ़ा[1] रहा बरसों
रोग इक ला-दवा रहा बरसों

एक दिन चोट सी लगी दिल पर
और मैं टूटता रहा बरसों

तब कहीं जाके ख़ुद को ढूंढा है
आईना देखता रहा बरसों

कैसे कह दूँ कि ज़िन्दगी जी ली
यूँ तो मैं सांसता रहा बरसों

तर्क़-ए-उम्मीद कर दिया आख़िर
इंतिज़ार-ए-वफ़ा रहा बरसों

थक के रुकना ही था उसे इक दिन
भागता दौड़ता रहा बरसों

हिज्र कैसे उसे मयस्सर[2] हो
जो असीर-ए-वफ़ा[3] रहा बरसों

---

1. इलाज का इंतिज़ार   2. संभव   3. वफ़ा के क़ैदी

50.

मंज़िल-ए-ला-मकान[1] बाक़ी है
इक तेरा आस्तान बाक़ी है

इक यही इत्मीनान बाक़ी है
पास अम्न-ओ-अमान[2] बाक़ी है

हो ना हो दास्तान बाक़ी है
मुँह में अब तक ज़ुबान बाक़ी है

मैं हक़ीकत हूँ या हूँ ख़्वाब कोई
अब यही इक गुमान बाक़ी है

ज़िन्दगी को कहाँ कहाँ ढूँढा
मौत का इक मकान बाक़ी है

ज़हर का एक जाम और सही
अब भी थोड़ी सी जान बाक़ी है

सारे किरदार सो गए थक कर
और अभी दास्तान बाक़ी है

---

1. ईश्वर/शुन्यता की मंज़िल   2. शांति और सुरक्षा

एक शब का क़याम और सही
मेरे दिल का मकान बाक़ी है

51.

मंज़िलें गुम रास्ते अनजान हैं
फिर सफ़र के किसलिए सामान हैं

दानाओं में हम गिने जाने लगे
किस क़दर अहल-ए-जहाँ[1] नादान हैं

हासिल-ए-मश्क़-ए-हुनर[2] है सादगी
सुनके ये अहल-ए-ख़िरद[3] हैरान हैं

तुम इसे कहते हो रूदाद-ए-फ़ना[4]
ज़िन्दगी पे और भी बोहतान[5] हैं

यूँ न था पहले कभी नक़्श-ए-हयात[6]
हर तरफ़ 'अब दर्द के ए'लान हैं

---

1. दुनिया के लोग   2. कला का अभ्यास की प्राप्ति   3. बुद्धिजीवी
4. कहानी मौत की   5. झूठा आरोप   6. जीवन की तस्वीर

52.

तमाम ज़ुल्मत[1] मिटा रहा था
चराग़ दिल का जला रहा था

कठिन थी कितनी पता चला अब
वह राह जिस पे मैं जा रहा था

सबक़ सिखा के ख़ुद-आगही[2] का
वो मुझको मुझसे मिला रहा था

किसी का दस्त-ए-तलब[3] न उट्ठा
मैं दौलत-ए-दिल लूटा रहा था

मकान दिल का था खाली शायद
मैं कब से दर खटखटा रहा था

अजीब बेदार[4] सी तमन्ना
मैं उसकी क़ुरबत[5] में पा रहा था

---

1. अंधेरा 2. अपने को पहचानना 3. आवश्यकता 4.जागृत, सचेत 5. सामीप्य

53.

चाह के भी ये क्या चाहता है
बूँद क्या पानियों से जुदा है

हम जो रहते हैं हर वक़्त शादाँ[1]
ये ज़हानत[2] नहीं है तो क्या है

मंज़िलों की कशिश सब मिटा दी
ख़िज़्र[3] क्या ख़ूब मुझको मिला है

कोई ख़ुशबू महक या उजाला
सामने इक सरापा[4] सा क्या है

---

1. ख़ुश   2. अक़्लमंदी   3. पथ-प्रदर्शक   4. आकृति

54.

क्या मंज़िल क्या राह-ए-हयात[1]
हाथ में जब हो तेरा हाथ

दीवानों पे तंज़ करें
अहल-ए-ख़िरद[2] की क्या औक़ात

इक आदत है जीते हैं
किसको रास आई है हयात

लेने वाले क्या समझें
देने वाले तेरा हाथ

और तो कुछ भी पास नहीं
रख लफ़्ज़ों के गहने साथ

बाग़ का यूँ तुर्बत[3] होना
किस की है ये कारामात

गर हो इजाज़त तो कह दूँ
कहनी है तुमसे इक बात

---

1. जीवन का पथ   2. बुद्धिजीवी   3. मज़ार

55.

तेरी ये रंज से जो ख़ूगरी[1] है
इसी का नाम ही तो ख़ुदकुशी है

मियाँ! मैं इतना अच्छा भी नहीं हूँ
बुराई जिस क़दर मेरी हुई है

मुझे एहसास ये पल पल रहा है
मोहब्बत के सिवा सब गुमरही है

मुझे शायद यही सुनना है तुम से
कहो खुल के अगर इंकार भी है

भरोसा क्यूँ न करता उसपे आख़िर
मैं समझा था के वो भी आदमी है

नसीहत यूँ मुसलसल[2] तुम न करना
हमारे पास भी कुछ आगही है

मैं अक्सर आज कल ये सोचता हूँ
कि मेरी ज़िन्दगी भी ज़िन्दगी है

---

1. आदी   2. हमेशा

56.

यूँ ना कहना बढ़ा चढ़ा करके
हम ने देखा है तजरुबा करके

कुछ दवा कर के कुछ दुआ करके
चारा कुछ देखते नया करके

ख़्वाब पलकों पे कुछ सजा करके
हम चले दिल को रहनुमा करके

हौसला करके देखते थोड़ा
देखते दर्द को दवा करके

कितना आसाँ सफ़र बना डाला
तुमने जंगल में रास्ता करके

कुछ ना ज़ाहिद[1] कहो ख़िलाफ़-ए-मय
तुमने देखा नहीं नशा करके

इश्क़ की लज़्ज़तों से वाक़िफ़ हैं
हमने देखा है तजरुबा करके

---

1. विरक्त व्यक्ति

कुछ तो शर्मिंदगी रहे आखिर
चीज़ रहती है इक हया करके

57.

ज़मीं से लेके सब कुछ आसमाँ तक
तुम्हारे नाम लिख दूँ जिस्म-ओ-जाँ तक

यहाँ सब जल बुझे दिल जलने वाले
नज़र आता नहीं है अब धुआँ तक

गिला अब क्या करें दुश्वारियों का
न रास आईं हमें आसानियाँ तक

"सलीक़ा चाहिए आवारगी में"
कोई समझाए इस दिल को कहाँ तक

नहीं है शेर कहना खेल कोई
सदा-ए-दिल को ले आना ज़ुबाँ तक

कहीं होती है दिल की तर्जुमानी[1]
त'अज्जुब कर रही है अब ज़ुबाँ तक

किसी दिन हाथ धो बैठोगे हमसे
मोहब्बत गर न लाओगे ज़ुबाँ तक

---

1. अनुवाद

58.

उनका आना जाना होता
घर अपना भी घर सा होता

मेरा भी कोई चेहरा होता
शीशा जो ये शीशा होता

अज़्मत-ए-हुस्न से ना-वाक़िफ़ है
वरना तू भी दीवाना होता

फ़िक्र-ए-इलाज नहीं थी नहीं थी
हाल तो तुमने पूछा होता

कब तक ख़ुद से पर्दा करते
कब तक ख़ुद से पर्दा होता

नक़्ल ना करता यूँ गर मेरी
तू भी मेरे जैसा होता

मंज़िल की ऐसी की तैसी
खोया होता भटका होता

कितना सादा लगता था वो
सहल[1] ना उसको समझा होता

तर्क़-ए-तमन्ना[2] बात भी थी कुछ
ख़ून-ए-तमन्ना से क्या होता

बज़्म में तेरी हम भी थे कल
एक नज़र तो देखा होता

जीना रास न आया लेकिन
मर भी जो जाते तो क्या होता

---

1. साधारण   2. इच्छा का त्याग करना

59.

दरमियाँ फ़ासला ना था कोई
ऐसा देखा ना दूसरा कोई

बा-वफ़ा कोई कोई होता है
याद आता है बा-वफ़ा कोई

दिल ही है एक आसरा दिल का
है नहीं दिल का ना-ख़ुदा कोई

हम तो हर बात खरी कहते हैं
हम से हो जाए ना ख़फ़ा कोई

शेर कहते थे छोड़ कर सब काम
जैसे दफ़्तर का काम था कोई

जाने वाले तुझे इजाज़त है
फिर बहाना ना तू बना कोई

उम्र होने को है पचास के पार
तेरे जैसा नहीं मिला कोई

पाँव रहते नहीं ज़मीं पे मेरे
ले उड़ेगी मुझे हवा कोई

जुर्म-ए-उम्मीद की मिली है सज़ा
काम करते नहीं बुरा कोई

अपनी तस्वीर ही कोई भेजो
भाए मुझ को ना दूसरा कोई

जो मेरी ख़्वाहिशों का क़ातिल है
उसको भी तो मिले सज़ा कोई

60.

उसे देखे ज़माना हो गया है
सितम ये है गुज़ारा हो गया है

अलग होती है हर लम्हे की दुनिया
मेरा क़िस्सा पुराना हो गया है

ना देखा आँख उठाकर जलवा-ए-दोस्त
हमें अब के ख़सारा[1] हो गया है

ज़रा हालात क्या बदले हमारे
जो अपना था पराया हो गया है

बचेगी ज़िन्दगी कैसे वहाँ पर
जहाँ क़ातिल मसीहा हो गया है

वही टूटी हुई कश्ती है अपनी
भँवर ही अब किनारा हो गया है

तक़ाज़ा वक़्त का कुछ और ही है
तुम्हे होना था क्या क्या हो गया है

---

1. नुकसान, हानि

वही रफ़्तार है क़दमों की लेकिन
बड़ा दुश्वार रस्ता हो गया है

हम आसानी से अब जी लेंगे शायद
हमें जीना गवारा हो गया है

मनाज़िर छुप गए हैं धुंद में सब
त'अल्लुक़ ग़ाइबाना[1] हो गया है

जो कहना था वह हमने कह दिया है
ये क़िस्सा अब मुकम्मल हो गया है

किसी दिन छोड़ देना है ये रस्ता
बड़ा हमवार[2] रस्ता हो गया है

समझना था जिसे समझा रहा हूँ
ख़ुदा जाने मुझे क्या हो गया है

---

1. मिले बिना, देखे बिना   2. सीधा और सरल

61.

ज़िन्दगी से हाथ उठाना चाहिए
वक़्त रहते बाज़ आना चाहिए

बावरा हूँ मैं तो हूँ मैं बावरा
घर में कोई तो सियाना चाहिए

मंज़िलें गर ना मिले तो ना सही
रास्ते से दिल लगाना चाहिए

क्या पता रिश्ता निकल आए कोई
बे-त'अल्लुक़[1] आना जाना चाहिए

शोर में कुछ सुन नहीं पाता हूँ मैं
टुक[2] तुम्हे नज़दीक आना चाहिए

खुल के गाओ दर्द के नग़मात को
हसने वालों को रुलाना चाहिए

ज़िन्दगी जीने की ज़िद्द अपनी जगह
कुछ तो जीने का बहाना चाहिए

---

1. किसी प्रकार का सम्बन्ध न हो   2. ज़रा

आपको मुझसे मुकरने के लिए
जानता हूँ इक बहाना चाहिए

62.

सारे हालात का पता है मुझे
क्या हुआ क्या नहीं हुआ है मुझे

"याद आती नहीं तुम्हे मेरी?"
वह मिले तो ये पूछना है मुझे

मैं कि काग़ज़ की एक कश्ती हूँ
अपने अंजाम का पता है मुझे

तू ने अच्छा नहीं किया मेरे साथ
ऐ ख़ुदा तू तो जानता है मुझे

ढूंढता है वजूद वह अपना
कोई तो है जो ढूंढता है मुझे

दोस्त कम-हौसला नहीं हूँ मैं
हार जाने का हौसला है मुझे

वह भी अफ़सोस राह-रौ[1] निकला
अब कहाँ कोई ढूंढता है मुझे

---

1. रास्ता चलने वाला

जब कहा हाल-ए-दिल उसे मैंने
उसने हंस कर कहा 'पता है मुझे'

63.

दरमियाँ जब भी फ़ासला देखा
दूसरा कोई रास्ता देखा

दिल-ए-बे-मुद्दआ[1] का मुद्दआ क्या
कोई ऐसा ना मुद्दआ देखा

तय हुईं मंज़िलें कई लेकिन
कोई ऐसा ना मरहला[2] देखा

ख़ूबसूरत थी दिल की पतझड़ भी
कोई ऐसा ना फिर समा देखा

ज़िन्दगी अपनी याद आती है
जब कोई हमने हादिसा देखा

कौन जाने किधर गया है वह
नक़्श-ए-पा उसका जा-ब-जा[3] देखा

घोला जाता था ज़हर अमृत में
क्या अजब हमने माजरा देखा

---

1. निस्पृह हृदय   2. पड़ाव, ठिकाना   3. हर जगह

हद नहीं आलम-ए-तसव्वुर[1] की
उसको हर आन[2] सौ दफ़ा देखा

ग़म में शामिल ख़ुशी सी रहती थी
कभी ऐसा ना ज़ाइक़ा देखा

चल पड़ा और कुछ नहीं सोचा
वक़्त देख ना फ़ासला देखा

---

1. कल्पना की दुनिया   2. पल

64.

मैं जो कुछ कह रहा हूँ राएगाँ[1] है
मोहब्बत आप अपनी तर्जुमाँ है

समा'अत[2] के लिए इक इम्तेहाँ है
ख़ामोशी भी इक अंदाज़-ए-बयाँ है

परों में ताक़त-ए-परवाज़[3] हो तो
तेरे क़दमों के नीचे आसमाँ है

जो है अंदर है बाहर कुछ नहीं है
कहावत है मकीं[4] से ही मकाँ है

खिले हैं फूल हर गमले में लेकिन
ख़िज़ाँ की ज़द पे सारा आशियाँ है

यूँ हमसे मतलब-ए-गिर्या[5] ना पूछो
मेरा हर अश्क़ मेरा तर्जुमाँ है

बराए-सैर[6] आये बाग में हम
बहार आई है गुलशन शादमाँ[7] है

---

1. बेकार   2. सुनने की शक्ति   3. उड़ने की शक्ति   4. घर में रहने वाला
5. आँसुओ का मतलब   6. सैर के लिए   7. आनन्दित

ख़ुदा मेरी अना महफ़ूज़ रक्खे
यक़ीं की आख़िरी मंज़िल गुमाँ है

मैं सारे फ़ासले तय कर चुका हूँ
ख़ुदा जाने मक़ाम-ए-दिल कहाँ है

65.

मुफ़्लिसी को ना यूँ गवारा कर
शौक़ कम कर के ना गुज़ारा कर

एक एहसान माहपारा[1]   कर
शाम-ए-ग़म का कोई सहारा कर

मौत ही गर है आख़री चारा
चलो अच्छा है ये ही चारा कर

आइना टूट गया हो जैसे
दिल को ऐसे ना पारा-पारा[2] कर

दर्द-ए-दिल के तबीब[3] होते हैं
यूँ उदासी से ना गुज़ारा कर

दर्द हो जाए चारा-गर अपना
चारा-गर कोई ऐसा चारा कर

---

1. चाँद-जैसी आकृतिवाला   2. टुकड़े-टुकड़े   3. उपचारक

66.

तंज़ करती है रोज़ तन्हाई
हो ना पाई तुम्हारी भरपाई

इक महक सिम्त-ए-दिल से आई है
जिस ने सारी फ़ज़ा है महकाई

अभी देखा नहीं उसे मैंने
अभी बाक़ी है मेरी बिनाई[1]

सिर्फ़ लहजे पे ग़ौर करते हो
कुछ समझ बात की भी गहराई

मैंने लिखते हुए बहुत सोचा
किस ख़बर में है कितनी सच्चाई

दर्द-ए-बीमार कम नहीं होता
तुम ही अब कुछ करो मसीहाई

छुपता फिरता है इश्क़ दुनिया से
हो गई शहर शहर रुसवाई

---

1. दृष्टि

दर-ब-दर यूँ नहीं भटकते हम
हम को आवारगी ही रास आई

देर से बोलते हैं सन्नाटे
अंजुमन बन गई है तन्हाई

अपनी मंज़िल तलाशलूँगा मैं
राह इक मुझको भी है रास आई

शाम-ए-हिज्राँ बड़ी रसीली थीं
शायरी जाम और तन्हाई

---

1. जुदाई की शामें

67.

ये नहीं के बोलना आता नहीं
ख़ामोशी में दख़्ल फ़रमाता नहीं

ख़्वाब आँखों को कोई भाता नहीं
अब किसी झांसे में मैं आता नहीं

पिछले मौसम का ख़ुमार आँखों में है
वह ख़यालों से मेरे जाता नहीं

होशियारी की नशे में मस्त हूँ
अब नशा कोई मुझे भाता नहीं

ग़म ना मरने की ना जीने की ख़ुशी
ऐसे बिगड़े हैं बना जाता नहीं

ज़ब्त-ए-ग़म[1] अच्छी अलामत[2] है मगर
कैसे कह दूँ ग़म से घबराता नहीं

नींद लेने का है अब क्या फ़ाएदा
ख़्वाब आँखों को कोई भाता नहीं

---

1. ग़म को बर्दाश्त करना   2. लक्षण

मुद्दतों की है तेरे कूचे की सैर
और मैं दो गाम चल पाता नहीं

68.

बेसबब यूँ ना तू सता मुझको
हिज्र दे कर ना आज़मा मुझको

मैं किसी राह का पत्थर होता
गर तू ठोकर ना लगाता मुझको

अब तबी'अत मेरी मलाल ना कर
अब मरज़ रास आ गया मुझको

अब तमाशे के काम आता है
वह जुनूँ जिस पे नाज़ था मुझको

आरज़ू हसरतें तलब ख़्वाहिश
ज़िन्दगी ने थका दिया मुझको

उसके हक़ ही में क्यों हुआ पत्थर
उसने माना था देवता मुझको

दर्द   ना-क़ाबिल-ए-मुदावा[1]   है
दर्द देकर ना आज़मा मुझको

---

1. जिसका कोई इलाज नहीं

तू बता तेरा तजरबा क्या है
फ़लसफ़ा अपना मत बता मुझको

उसको हमवार[1] जो गुज़रना था
रास्ते से हटा दिया मुझको

मुद्दतों तुम को गुनगुनाया है
अब ज़रा तू भी गुनगुना मुझको

आज मुश्किल है संभलना ऐ दोस्त
कोई होता संभालता मुझको

---

1. सरलता से

69.

भूल जाना बहुत ज़रूरी है
बाज़ आना बहुत ज़रूरी है

साथ चलती हैं कुछ ज़रूरतें भी
आब-ओ-दाना बहुत ज़रूरी है

रिश्ता रखिए मसर्रतों[1] से मगर
ग़म उठाना बहुत ज़रूरी है

बूँद की भी तो एक दुनिया है
आज़माना बहुत ज़रूरी है

कैद-ख़ाना ही हो वह इक कोई
इक ठिकाना बहुत ज़रूरी है

हल मसाइल का ढूंढने के लिए
सर खपाना बहुत ज़रूरी है

फूल खिलते हैं तो हम सोचते हैं
मुस्कुराना बहुत ज़रूरी है

---

1. ख़ुशियाँ

आँसुओं में कभी कभी अपनी
भीग जाना बहुत ज़रूरी है

70.

दिल की बीमारियाँ नहीं अच्छी
इतनी होशियारियाँ नहीं अच्छी

रोज़ चेहरे ने आइने बदले
ये अदाकारीयाँ नहीं अच्छी

झूठे इक़रार से इनकार अच्छा
झूठी इक़रारीयाँ नहीं अच्छी

कौन दानिशवरों[1] को समझाए
इतनी होशियारियाँ नहीं अच्छी

हाथ पर हाथ रक्खे बैठे हो
सहल-अंगारियाँ[2] नहीं अच्छी

शायरी ख़ून-ए-दिल से होती है
फ़न से गद्दारीयाँ नहीं अच्छी

---

1. अक़्लमंद लोग   2. काम चोरी

71.

वक़्त के साँचे में हम ढलते रहे
उम्र भर हम नींद में चलते रहे

दिल ने छोड़ा ना उम्मीदों का ख़याल
फूल वीरानों में भी खिलते रहे

हमने देखा अपने अंदर हम ना थे
देर तक हम आइना तकते रहे

हम भी थे चश्म-ए-करम[1] के मुंतज़िर
देर तक हम रास्ता तकते रहे

शोर में कुछ सुन नहीं पाता हूँ मैं
कुछ तो हमसे अर्ज़ वह करते रहे

हैं अभी ख़ुश-फ़हमीयाँ[2] ज़िंदा मेरी
देर तक हम आईना तकते रहे

ढंग जीने का निराला था बड़ा
लोग जीने के लिए मरते रहे

---

1. कृपादृष्टि   2. सुखद धारणाएं

कारोबार-ए-ज़िन्दगी आसाँ ना था
जो भी हमसे बन पड़ा करते रहे

72.

ये हर जानिब जो ज़ाहिर-दारियाँ[1] हैं
बड़े शहरों की ये बीमारियाँ हैं

यहाँ मय है ना साक़ी है ना साग़र
दिखावे की फ़क़त सरशारियाँ[2] हैं

मोहब्बत में वफ़ादारी से बचिए
वफ़ा की राह में दुश्वारियाँ हैं

शराफ़त आदमियत दर्दमंदी
ये पिछले अहद की बीमारियाँ हैं

भला पीने से बुझती है कहीं प्यास
दिखावे की फ़क़त मय-ख़्वारियाँ[3] हैं

---

1. दिखावे   2. बेख़ुदी, नशा   3. शराब पीना

73.

फ़ासला बीच का मिटा ना सके
पास आके भी पास आ ना सके

माना रहज़न[1] है राहबर मेरा
दामन-ए-रास्ता छुड़ा ना सके

आइना आइना रहा फिर भी
ख़ुद से नज़रें कभी मिला ना सके

अपने अंजाम को पहुँचा आग़ाज़
लिखा तक़दीर का मिटा ना सके

घर बनाया था एक हमने भी
घर मगर उसमे हम बसा ना सके

नस्र में शायरी नहीं होती
तेरे बारे में कुछ बता ना सके

कट चुकी है रग-ए-हयात मेरी
तार टूटे हुए मिला ना सके

---

1. डाकू

बात केहनी हमें नहीं आई
बात दिल की ज़ुबाँ पे ला ना सके

अपनी मंज़िल ना तू बना हमको
रास्ता हम तुझे दिखा ना सके

वक़्त कब फ़ैसला बदलता है
हर्फ़-ए-तक़दीर[1] को मिटा ना सके

शायरी ख़ून-ए-दिल से होती है
अश्क़ तो कुछ भी रंग ला ना सके

ज़िन्दगी शिरकतों[2] से चलती है
बोझ तन्हा ये हम उठा ना सके

---

1. तक़दीर का लिखा   2. साझेदारी

74.

क़िस्सा-गोई[1] है फ़लसफ़ा क्या है
पास कहने को अब रहा क्या है

ऊब जाओगे राहतों से तुम
सब जो हासिल हो फिर मज़ा क्या है

वह जो मशहूर कर रहा है मुझे
मेरे बारे में जानता क्या है

पास आ के भी फ़ासले क्यूँ हैं
या इलाही ये माजरा क्या है

गुफ़्तुगू दर्द और दवा पर थी
दर्द क्या चीज़ है दवा क्या है

---

1. कहानियाँ सुनाना

75.

जाके आने की बात करते हो
दूर जाने की बात करते हो

मेरी बस्ती में भूक पलती है
तुम ख़ज़ाने की बात करते हो

का'बा-ए-दिल की ये ईमारत है
किसको ढाने की बात करते हो

वह भी हो और उसकी ख़ुशबू भी
किस ज़माने की बात करते हो

हमको मेहनत का भी सिला न मिला
तुम ख़ज़ाने की बात करते हो

गुनगुनाना है सब बजा लेकिन
गाना गाने की बात करते हो

सच बताओ कभी हुआ ऐसा
आके जाने की बात करते हो

मुस्कुराने की कोई बात भी थी
मुस्कुराने की बात करते हो

चंद अकेले शेर

लम्हों की जागीर लुटा कर तो देखो
अपने ख़ौफ़ से आँख मिलाकर तो देखो

तेरा हिस्सा क्या मेरा हिस्सा क्या
और इस के सिवा भी क़िस्सा क्या

तुम से आता नहीं जुदा होना
हम को आता नहीं ख़ुदा होना

रौशनी के असीर हो अब तुम
कोई सूरत नहीं रिहाई की

ज़िन्दगी कुछ इस तरह कटती रही
रात दिन आते रहे जाते रहे

इस गर्दिश-ए-मुदाम[1] में आराम नहीं है
क्यूँ ज़िन्दगी के नाम कोई शाम नहीं है

---

1. हमेशा होने वाली गर्दिश या चक्कर

चुप रहना अच्छा लगता है
बस कहना अच्छा लगता है

ना-मुनासिब यहाँ मुनासिब है
आशिक़ी का कोई उसूल नहीं

ग़ाइबाना[1] मुलाक़ात होती रही
ख़्वाब में ये करामात होती रही

अगर की भी तो क्या चारागरी की
मरीज़-ए-इश्क़ अच्छे हो रहे हैं

अपनी हस्ती भी डुबो बैठा हूँ
मैं किसी और का हो बैठा हूँ

इक बयाबाँ[2] में गुम-शुदा आवाज़
जाने किस को सदाएँ देती है

नज़र आता नहीं कुछ भी किसी को
सितम ये आगही[3] ने ढा दिया है

---

1. मिले बिना देखे बिना   2. जंगल, वीराना   3. आगही

About the Author

Mahesh Hangal developed a sudden interest in ghazal writing way back in 1996, when his friend Mr. Vinay Nayak one day read to him a few ghazals written by him. Since then the interest in ghazal writing has sustained, though actual writing happened sporadically, once in a while. Ghazal writing is a craft. Vinay had introduced Mahesh to a well known Urdu poet Shakeel Mazhari, from whom Mahesh learnt a few intricacies of the craft. These ghazals have happened at a snail's pace over a long period of time, of more than twenty five years. This is Mahesh's first book of ghazals and Vinay Nayak has wholly proof-read it and has also given valuable inputs.

Mahesh has also been an earnest spiritual seeker all his life. His seeking... finally culminated in a book on spirituality called SCRIBBLINGS written in English. Mahesh ran a book library for 34 years since 1989 which is now converted into a book cafe. He is a Mutual Fund Distributor. He is also into organising music concerts specialising in Hindustani classical music. He happens to be the grandson of the renowned vocalist Padma Vibhushan Dr. Gangubai Hangal. Mahesh is a bachelor & is a resident of Hubballi, a city in the state of Karnataka.

Email. maheshhangal@yahoo.com
Cell. +91 95389 34989